꽃에게 배운다

그루 현대시인선 23

# 꽃에게 배운다

신영희 시집

그루

## 시인의 말

30여 년 전 경북 골짜기 학교에서 근무하던 때가 스쳐 지나갑니다. 소백산 자락의 봄소식은 눈바람에서 시작되었습니다. 한걸음 늦은 봄도 세월이 지나가니 꽃도 피우고 지천에 향기를 퍼뜨리던 그때 자연이 저에게 말을 걸어왔습니다. 아름다운 산천이 주는 감동을 작은 소리로 읊조리며 조금씩 습작을 해 오던 것이 모여 문학인의 길로 접어든 계기가 되었습니다.

살아오면서 겪었던 희로애락喜怒哀樂을 정화해 주는 글의 힘에 고마운 마음을 담아 시집을 세상에 내어놓습니다. 하나님의 놀라운 사랑, 자연이 주는 위로와 감동, 생활 속에서 느낀 단상을 표현해 보았습니다. 한 편의 시가 누군가의 삶에 노래가 되고 꿈이 된다면 얼마나 좋을까 하는 생각을 하면서 부족한 글을 조심스럽게 펼쳐 보았습니다. 사랑하는 손주들과 제자들이 훗날 시집을 읽으며 기억의 샘물을 마실 수 있다면 더없는 기쁨이 될 것 같습니다.

이 책은 하늘나라에 계신 부모님께 못다 한 효도의 부끄러움과 꿈에서라도 뵙고 싶은 그리움을 담아 올려드립니다.

책이 나오기까지 도움을 주신 가족들과 모든 분께 감사의 마음을 전합니다.

2024년 8월
신영희

## 차례

시인의 말　05

### 제1부
## 내일도 오늘처럼

| | |
|---|---|
| 낙동강, 해 품다 | 13 |
| 국수를 삶으며 | 14 |
| 명령 | 16 |
| 신사 같은 봄 | 18 |
| 소리 | 20 |
| 내일도 오늘처럼 | 21 |
| 다짐 | 22 |
| 굴러가기 | 24 |
| 그곳은 | 25 |
| 가을 풍경 | 26 |
| 만추의 뒤안길 | 27 |
| 때 | 28 |
| 월곡 예찬 | 30 |
| 정담 | 32 |
| 두드림 | 34 |
| 선율 속에서 | 35 |
| 유월의 인사 | 36 |
| 가을날 | 38 |
| 철쭉 단상 | 40 |
| 탄생 | 42 |
| 꽃 지는 봄밤에 | 44 |

제2부
# 남도 겨울 꽃

| | |
|---|---|
| 우도 가는 길 | 47 |
| 불턱 | 48 |
| 울릉도 따개비 | 49 |
| 정다운 풍경 | 50 |
| 목포 북항 | 52 |
| 추억 한 점 | 53 |
| 파도 | 54 |
| 외포항 약대구 | 56 |
| 남도 겨울 꽃 | 57 |
| 자은도 | 58 |
| 동백꽃 진 자리 | 59 |
| 달리도 | 60 |
| 난파선 | 62 |
| 남도 바다 | 64 |
| 목포 수변공원 | 65 |
| 남쪽 바다 | 66 |
| 울릉도 | 68 |
| 월포역에서 | 70 |
| 안부 | 72 |

## 제3부
# 단계를 읽다

| | |
|---|---|
| 명성왕후 | 75 |
| 성안마을 | 76 |
| 새벽별 하나 | 78 |
| 늪 | 80 |
| 홀로 핀 꽃 | 81 |
| 기차 여행 | 82 |
| 힘 | 84 |
| 복권 버스 | 85 |
| 생명 | 86 |
| 겨울 산 | 88 |
| 꽃잎, 돌 틈에 머물다 | 90 |
| 다행히 | 92 |
| 아침해 | 93 |
| 오리 반상회 | 94 |
| 인생보다 야생 | 96 |
| 단계를 읽다 | 98 |
| 임진년을 열며 | 100 |
| 군산항 | 102 |
| 태평무 | 104 |
| 뭐가 | 106 |

## 제4부
## 오직 하나

| | |
|---|---|
| 꽃에게 배운다 | 109 |
| 조각보 | 110 |
| 만선滿船 | 112 |
| 손주들에게 | 114 |
| 2월 | 115 |
| 국시집 | 116 |
| 쉼터 | 118 |
| 주아리 연가戀歌 | 120 |
| 빈집 | 121 |
| 동기들아 | 122 |
| 오직 하나 | 124 |
| 그저 | 125 |
| 부뚜막 | 126 |
| 하나님의 발자국 | 128 |
| 검정 비닐의 비애 | 130 |
| 오월의 노래 | 131 |
| 씨 | 132 |
| 빗방울 | 134 |
| 추억 여행 | 136 |
| 빈 젖 | 138 |
| 올레길 | 139 |

**해설** 순리와 순응과 믿음의 시_이태수 144

# 제1부

## 내일도 오늘처럼

## 낙동강, 해 품다

찬란한 아침해 얼굴 내밀자
강물은 숨 멈추고 해를 품는다.

붉디붉은 뺨 내려앉아
여린 홍조 수줍은 가슴 애달프다.

새벽달 못내 아쉬워 가던 길 멈춰서서
여린 손 내밀고 서성대고 있다.

잔광의 물결 속삭이는 사랑 노래
들판 너머 먼 산을 휘휘 감는다.

## 국수를 삶으며

물이 끓는다
100도 열기로 누군가를 기다린다

꼿꼿한 채
짭조름한 채
누워 있는 국수 가닥

뻣뻣한 몸뚱어리
물속에서 휘감기며
교만의 틀 벗어던지고
나붓이 앉았다

사정없던 짠순이
소금 자루 같은 무거운 욕심
기꺼이 내려놓고
비움의 미학 배우려 한다

소쿠리에 건져진 부드러운 곡선
그래도 모자란 듯
씻어내고 또 씻어내며

욕심의 짠맛, 미움의 짠맛
애써 비우려 든다

우리고 우려낸 멸치 국물이
국수 가닥을 적신다
깊은 맛에 취한 듯
아낌없이 제 몸을 담근다

## 명령

높은 곳에서
넓은 바다를 본다는 것
그 장대함에 무릎을 꿇어
경의를 표하고 싶다
망망대해를 품에 안았는가
내 품을 그대가 안았는가

무無의 경지에 잠시 머무는 순간
용천수처럼 솟아오르는 기쁨을 얻다
화산처럼 분출해 버리는 삶의 찌꺼기
녹아져 사그라지는 순간도 무無다

바다는 명령했다
버리는 자만이 또 다른 것을 얻는다고
파도는 포말로 귀띔한다
빈 공간의 가벼움을 택하라고

과부하의 문턱에서 들려오는 소리
겸허히 받으며 발걸음 옮긴다
새털 같은 가벼움으로

달음박질할 예감에
환한 세상이 내 속에 넘실거린다

## 신사 같은 봄

봄을 훔치고 말았습니다
진달래 두어 송이 꺾어
당신을 옮기고야 말았습니다

사진 속에 풍경을 담았습니다
만인이 봄을 멀찌감치 바라보며
아주 좋아라 합니다

오지 않는 발걸음 개의치 않고
쉼 없이 터져 나오는 봄의 향연
때가 되면 들려오는 약속의 언어

만약에
어쩌면
그런 말은 없습니다

꽃샘추위가 길을 막아도
꼭
이때쯤
말쑥한 옷 차려입고

나타나는 당신을
신사라고 불러 보고 싶습니다

## 소리

큰 나무에 깃들인 새들의 합창
발걸음 이미 멈추어져 있고
마음의 빗장 스르르 풀린다
묵직한 돌덩이 같은 삶의 무게
결 고운 가루 만들어 날려 버린다
그 힘은 어디서 오는 것일까
지극히 작은 부리에서 울려 나오는
맑고 청아한 가락의 어울림이다
너와 나 아름다운 소리 만들어
지친 세상 환하게 밝혀 보면 어떠리

## 내일도 오늘처럼

거울처럼 맑은 물에
마음을 비춰 보니
아직도 멀었구나
마음을 비운다면서

욕심도 한 줌
위선도 한 줌
보이지 않는 가슴속에
씨앗 남겨 놓은 채
빈 마음 가졌다고
자랑하고 있구나

물소리 솔향기에
실어 보낸 티끌 한 줌
내일이면 다시 담아 올 티끌 한 줌

아침이면 해 뜨고
저녁이면 해 지듯이
내일도 오늘처럼
비우는 연습을 하고 있겠지

## 다짐

사람이나 흙이나
결이 다른 건 매한가지

거친 돌
바람과 파도에 깎이고 깎여
고운 가루 되기까지
억겁을 지나 이곳에 왔다

우리네 인생
무엇이 다르겠는가
나는 언제
결 고운 흙으로 바뀔 수 있을까

아마
수십 년 깎이고 깎여
다듬어질 즈음에
생을 마감하지 않을까

후회 섞인 말들이
자갈 같은 마음에 뒹굴기 전에

단도리 잘하라는 준엄한 목소리
저 먼바다에서 달려온 파도
제 몸을 부수며 쉼 없이 부르짖는다

언제 잊어버릴지 모르니
자갈 하나 주워다가
머리맡에 두고 볼 일이다
파도 소리 담아다가
마음에 새겨볼 일이다

## 굴러가기

초가을
지붕 위에 떨어진 푸른 감
구르는 법 먼저 보여주네

늦가을
열매가 없더라도
감잎도 멋스럽게 구르라고

바람이 불면 부는 대로
순리를 따라 구르다 보면
머물 곳 어디든 있다고

모나지 않게
곡선을 그리며
부드럽게 살라고
넌지시 일러주네

## 그곳은

시끌벅적 장꾼 소리
아낙네 수다 소리
악동의 울음소리 먼발치 밀쳐 놓고
계곡 물소리 품고 대추 향기 풍기는 그곳*이 있다.

구름은 휘돌아 산줄기 감아 안고
40년 묵은 아름드리 느티나무 그늘 아래
삶의 노래가 숨어 있는 그곳이 있다.

산기슭 군데마다 촌로의 주름만큼 골을 파고 심어 놓은 가을배추
아무렇게나 널려 있는 누런 호박,
흐드러지게 농익어 가는 풍요로운 그곳이 있다.

도심 한가운데 우뚝 솟은 너와 나의 쉼터
삶의 무더위에 지쳐 있을 때
소리 없이 잔해를 말끔히 거두어 가는
폭염 속 소나기 같은
내 낭군 품속 같은
그곳이 있다.

*그곳 : 구미시 선산읍 뒷골

## 가을 풍경

상수리나무 끝에 가을 햇살 앉았다
바람의 꼬리 잡고 조심조심 내려와
옥잠화 잎새 위에 살포시 앉아
주거니 받거니 담소 즐기다
졸음에 겨운 오후
고추잠자리 다가와
가을 햇살 등에 기대어
꾸벅 잠이 들다

## 만추의 뒤안길

벌써 채비를 했다
비움으로 가는 길
떨어진 나뭇잎 사이로
젊은 날의 초상이 소롯이 앉았다
쓸쓸한 산자락에
추억 한 점 걸어 두고
가을도 내려놓았다
바스락거리는 나뭇잎에도
앙상한 가지에도
제 할일 다한 양
노구의 강단이 스며 있었다
찬바람 불어오면
제 몸은 바스러져도
거름으로 남아
봄기운 스멀거릴 때면
기지개 켜겠지
서릿발 개의치 않고
희망의 노래 읊조리며
이미 훈풍의 내음 풍기고 있었다

# 때

빈 교실에서 말괄량이 친구들과 숨어서
촛불 켜고 공부하다 쫓겨갔던 그때
공부가 전부인 줄 알았다

자식 낳고 키우며 그 재롱에
세상을 다 얻은 듯 기쁨이 넘칠 때
자식이 전부인 줄 알았다

박봉을 쪼개고 모아
집 사고 땅 사고 바둥거릴 때
재산이 전부인 줄 알았다

먼 길을 돌아 하산할 즈음
내려놓음의 소중한 때
이제야 알게 되었다

자연에 흩어진 조각천 모아
누비고 감치고 호아서 만든 시 한 편

누군가의 필요를 감싸 줄 보자기 되어

그 마음 소박하게 다독일 수 있다면
최상의 때 누린다는 것 이제야 알았다

## 월곡 예찬

침묵은 오직
세월이 있음에 고귀하고
용서는 오직
인고의 미가 있음에 값 있으리라

우리네 가슴속에
여울진 설움일지라도
월곡*의 푸른 숲은
어루만져 달래 준다

흐르는 물속에
시름을 던지니
휘어진 산줄기는
온 가슴을 포용한다

그들이 뿜어내는
아름다움에 휩싸여
삶이 얼마나 값지고 영롱한지
만끽하리라

끊임없이 연출해 내는
변화 속에서
나는 웃으리라
그들의 미소보다 더 큰 웃음을.

\*월곡 : 김천 부항면 월곡리

## 정담

무언의 보행
바삐 걷는 발자국만 보일 뿐

입 다물고
입 막으니
봄꽃이 안타까워 말 걸어 오다

눈인사로 보내는 봄꽃과의 정담
동토 같은 마음 단숨에 녹여 주다

오리 떼 한가로이 유영하며
또래들과 무리 지어 대화 나누고

세상 걱정 하나 없는 여유로움
물가에 잔잔히 퍼져 나가고
햇살 받은 물보라 눈부시다

물속에서 잠자던 물고기 떼
덩달아 일어나 정담 나누다
너와 나 거리두기

이곳에는 예외 조항

날아가다 돌아와 큰 날개 접고
왜가리 목 빼고 귀를 세우다

## 두드림

마음을 여는 것
물음을 던지고
해답을 찾아
조화를 이루어
하나 되는 것

징
꽹과리
장구
북

폭풍이 되고
고요가 된다

어울림의 미학
평정으로 다가온다

## 선율 속에서

쪽빛 하늘에 구름 한 조각
여유로이 떠 있는 뜨거운 한낮
너의 첼로 선율
심장을 뚫고 지나간다.

하늘을 가르는 새의 날갯짓처럼
여유로이 움직이는 선율의 몸짓
한 마리 학이 되었다가
귀여운 산까치 되었다가

선율이 용솟음치는 공간 속에는
삶이 움튼다.
생명이 자란다.
선율이 흐르는 시간 속에는
아픈 기억은 없다.
단지
아름다운 추억만 있을 뿐

## 유월의 인사

물감을 풀어놓았다
유월의 감각으로

연초록 잎새 위에
돋아나는 생기는
아이들을 불러 모았다

냇가에 풀어놓은
유월의 이야기는
악동들 종아리에서 시작되었다.

물장구치는
앙증맞은 발자국 위로
엽서 한 장 물 위에 뜬다

올여름은
행복할 것 같은 예감이
돌 틈을 파고드는
송사리떼 꼬리 따라 피어오른다

싱그러운 초여름 인사
햇살이 눈부신지
초록이 눈부신지
앞다투어 찾아오는 자연의 교감
봄이 떠난 자리에
그저
황홀하게
오롯이 자리잡은 유월이여

따사로운 햇살은 뜨거워질 것이며
가녀린 잎새는 두터워질 것이며
한여름 밤 노래는 낭만이 넘칠 것이다

자연에 동화된
우리네 가슴에
풀물이 촉촉하게 스며들고 있다

## 가을날


감나무 가지마다
가을이 매달려
오실 임 기다리며
얼굴 붉힌다

양지 녘에 앉아서
졸고 있는 맨드라미
봉숭아 씨 날아와
톡톡 잠을 깨운다

가을 햇살 등에 업고
잠자리 떼 날아와
너울너울 군무群舞로
가을 하늘을 수놓고

황금물결 덩달아
풍년을 기원하네
얼쑤얼쑤 어 얼쑤
중모리장단에
허수아비 뜻 모르고

어깨춤 들썩

철 지난 호박 넝쿨
담장 밖 서성대며
지나가는 소나기
기다리고 있는 날

시집간 딸 그리며
말갛게 손질한
지붕 위 태양초
곱게 익어 가는 날

## 철쭉 단상

봄의 화신이여!

소쩍새 울음소리 숨죽여 끌어안고도
그렇게 화려함 자랑할 수 있나요?

지나가는 길손 세상사 다 듣고도
그렇게 처연함 드러낼 수 있나요?

암팡지게 차려입은 황진이의 뒷모습인 양
요염한 자태 뽐내는 듯하더니

시골집 뒷마당 장항아리처럼
소박한 모습으로 조용히 다가와
내 손을 꼬옥 잡아 주어요

앞다투어 핀 꽃이
하나둘 지는 밤이면
별빛을 끌어안고
봄꿈을 꿉니다.
달빛을 이불 삼고

봄꿈을 꿉니다.

당신은
정녕
봄의 화신입니다.

## 탄생

비바람 몰아쳐도 의연한 몸짓으로
인내의 두레박 건져 올릴 때
꿈틀거리는 생명 대지에 퍼지네

언 땅을 뚫고 뽀얀 속살 드러내는 그날
햇살은 손 내밀며 너를 반가이 맞으리

환한 미소로 앞다투어 싹 틔우면
연초록 속삭임 방방곡곡 메아리 되어
너와 나 가슴에 희망의 꽃 피우리

눈 속에 피어나는 한 떨기 꽃이런가
앙상한 가지에 돋아나는 꽃눈인가

지난 至難한 세월 헝클어진 실타래
감사의 마음밭에 깊이 심어 다독이니
산고産苦의 고통 속에 잉태한 생명처럼
삶의 한가운데 오롯이 자리잡네

어미 새 둥지에서 알을 품듯

따뜻한 가슴으로 온 세상 품자
너와 나 마음 문 활짝 열어젖히고
탄생의 기쁨 마음껏 노래하자

## 꽃 지는 봄밤에

어제는 봄인 듯 노래하더니
무서리도 오지 않았는데
벌써 꽃단장 떨쳐 버리고
처절한 모습으로 슬피 우는
당신 속마음을 보여 주세요

그렇게 요염한 웃음 속에
피눈물 고여 있음은 무슨 사연인가요?
뭇 사내 가슴 흔들어 놓고
소리 죽여 우는 사연 털어놓아 보세요

당신 붉은 눈물
산자락 적시니
파란 가슴에도
덩달아
한 줄기 붉은 눈물이
처절히 흐르는 봄밤입니다

그러나
당신 모습은 정열이오니
부디 꽃만을 피우소서

제 **2**부

남도 겨울 꽃

## 우도 가는 길


쪽빛 바다가 곱다
눈부심의 의미를
자연은 말없이 알려 주고
싱그런 웃음만 보낸다

물빛 바다가 섧다
칠십 평생 자맥질
소금기 어린 눈물 밥그릇
망망대해 구슬픈 숨비소리

저 멀리 우직한 소 한 마리
어여 오라 손짓한다
기쁨도 슬픔도 다 안고
어여 오라 손짓한다

## 불턱

해녀 아낙의 서늘한 삶을 데워 줄
구들장 아랫목 같은 온기가 그리웠다

생의 망망대해
망태를 걸머쥔 채 생계를 업고
시퍼런 물의 냉기와 싸워야 했다

고무옷 벗어던지고
뽀얀 속살을 드러내고 싶었다
이글거리는 장작불이 타닥거린다

사내의 입김보다 더 뜨거운 열기가
아낙의 몸을 데운다

불턱*에 모여든 아낙들의 몸에
고무 타는 냄새가 난다
질기고도 질긴 삶이 녹아내린다

장작 타는 소리
바다를 잠재운다

*불턱 : 해녀의 추운 몸을 녹이는 쉼터

## 울릉도 따개비

따개비를 딴다
찬바람을 맞으며
바위보다 거친 손
쉼 없이 움직인다
인정사정없이 때리는
뼈 있는 겨울 파도 야속타

어부 손 멍자국 같은
푸르스름한 물기
얼기설기 얽어맨 망태기에 담긴
멍울 같은 씨알이 바다와 맞선다
치열한 삶이 처절하다

장작불 타닥거리며
아낙이 끓여 낸 따개비 칼국수
멍자국을 풀어놓는다
삶의 애환을 뭉근히 달래고 있다

## 정다운 풍경

값으로 매길 수 없는 풍경
마음 한 곳에 담아 두었지요
그곳은
바다와 섬이 있는 곳이지요

고기비늘 닮은 물결 넘실거리고
바닷속 온갖 지느러미 화답하니
다정한 연인들 대화처럼 정답지요

어부가 고깃배 발동 걸어주면
좋아라 웃는 소리 더욱 정답지요
들러리 선 친구 무뚝뚝한 목선도
덩달아 출렁이며 사뭇 웃지요

고하도 근처
바다에 떠 있는 목포대교 정답지요
큰 차 작은 차 마다않고
등 내밀어 주는 넉넉한 품도 정답지요

제주행 배에 탄
여행객 마음도 정답지요
가는 곳마다 친절한
목포 사람 살가운 정도 정답지요

값으로 매길 수 없는 풍경을
마음 한 곳에 담아 두었지요
그곳은
활어가 파도처럼 출렁이는 곳이지요

혀끝에 담아 둔 고 맛도 역시 정답지요

## 목포 북항

일몰 시간은 황홀하다
못내 보내지 못하는 연인처럼
절정과 절제미를 안고
바다는 해를 끌어안는다
마지막 정열로 물결을 애무하며
남은 빛으로 여운을 남기다가
사그라지는 사랑이여
노을빛이 섧다
떠나가는 발걸음이 섧다

## 추억 한 점

격랑하는 물결에 실은
삶의 무게는 한 점
망망대해에서 밀려와
돌부리에 부딪치는 행적
우리 삶에 비할까
흰 이빨 드러내고 웃는 여유
대장부 기백 같다
한적한 섬마을 파도 꽃핀다
추억 한 점
갯벌에 묻어 두고
다시 오마 약속해 본다
먼저 와 얼굴 내미는
꼬물거리는 생물 정답다
기다리겠노라 기별하는 윤슬
가슴속 파문 띄워 보낸다

# 파도

나는 보았다
파도의 뿌리를

하루도 빠짐없이
흐드러진 흰 꽃을 피워내는
장관 속에서

나는 들었다
파도의 염원을

제 몸을 부수기까지
청정 바다를 그리며
너울거리는 몸짓에서

파도는
잔잔한 흔들림에도
격랑의 순간에도

모두 품어 주고 싶어
끊임없는 보살핌으로

살뜰히 챙긴다

파도 위를 스치는
보고 싶은 엄마 얼굴
햇살을 가득 안고
환하게 웃고 있다

## 외포항 약대구

깊은 바다에서 살찌웠다
약이 없던 시절 누군가를 살리려고
생물 대구는 기꺼이 생명을 내어놓았다

무수히 많은 알 품은 몸뚱아리
소금기 잔뜩 머금고 해풍에 몸을 맡겼다
물기 없이 비틀어 말린 그 몸
누군가의 피폐한 몸을 살리려고
아낌없이 모든 것 다 내어놓았다

거제 외포항 약대구*가 장대에 걸려 있다
겨울바람 세차게 불어와도
빗줄기가 볼을 때려도
아랑곳하지 않고 제 몸에 소금 가득 채우고
희생 제물로 기꺼이 매달렸다.
심청이 같은 생물 대구가 줄지어 있다
공양미 삼백 석도 받지 않은 채


*약대구 : 알을 가진 대구를 소금에 절여 말린 것

## 남도 겨울 꽃

북풍이 부는 풍경을 보셨나요
눈바람 휘몰아치는 스산한 그곳을

이곳은 별천지 세상입니다.
훈풍이 잔잔히 대지를 감싸고
얼었던 마음 녹아내립니다.

당당히 얼굴 내민 꽃무리
벌써 봄이 온 줄
잠시 세월을 잊어버립니다.

봄은 봄을 불러올 것입니다.
아마
이곳 봄날은
정월부터 시작될 예감이
겨울 꽃송이에서 부풀어오르고 있습니다.

## 자은도

남도의 섬은 쓸쓸했다
그 옛날 유배지였던 기운
갯벌에 그대로 남아 있었다
끈질기고도 끈질긴 삶의 애착
척박한 땅을 일구는 의지

남도의 섬은 윤택했다
선조의 지혜 배우고 익혀
산에서 내려오는 물 받아
황금들판 이루어 낸 손길
밭이랑 대파도 출렁이고 있었다

남도의 섬은 나를 반겼다
동서로 나뉘어진 해묵은 감정
그런 것은 고기밥으로 던져버리라고
잔물결 일렁이며 넌지시 알려주니
뱃사공 화답하며 노래하고 있었다

## 동백꽃 진 자리

붉은 마음 하늘에 보내고
기다림에 지쳐 땅으로 갔습니다
허공을 가득 채운 쓸쓸한 마음 안고
땅속으로 들어갈 채비도 마쳤습니다
이듬해 봄 기약해 보겠습니다
겨울을 이긴 기운 마중나올 그날을
누군가의 속삭임 들려올 그날을

## 달리도

목포에서 뱃길 삼십 분
담소 두어 마디
웃음 반 바가지
채 끝나지도 않았는데
반달을 닮은 섬이
다소곳이 손짓하네

백여 가구 모여 앉아
삶의 터전 가꾸는 곳
채반에 누운 물고기
해풍海風 송풍松風 부채질하니
나비도 꽃에 앉아 날개 접는다

달리 분교 유일한 악동 한 명
운동장 돌고 뒹굴며 달음박질
백구도 덩달아 뛰고 짖으니
적막한 섬마을 기지개 켠다
목선에 실은 망태기 그득하고
희색 만연한 어부 손길 바쁘다

저 멀리 뱃고동 소리
무거운 짐 가벼운 발걸음
여행객 웃음소리 왁자하다

휘어이
갈매기 휘파람 분다

## 난파선

중절모 쓴 신사 같은 배
호기 어린 걸음으로 출항하다
뱃바닥 간질이는 해초의 손놀림
몸체 주위 화려한 물고기들 유희
그 누구도
풍랑을 예견치 못했고
받아들일 준비도 없었다

신사 모자는 벗겨져 날아가고
신발도 이미 나뒹굴어졌다
부서지는 것은 순간
형체도 알 수 없는 거대한 배 한 척
망망대해 길 잃은 고아 되었다
힘 잃은 몸뚱어리
서서히 가라앉아 심해에 기대고
녹슨 몸체에 절망의 잔해만 쌓였다

물고기들 다시 찾아와
생명의 씨앗 뿌리니
희망의 싹 움트고 있었다

아늑한 쉼터가 된 이곳에
빠끔거리며 내어놓은 약물로
주사 바늘 놓기 시작했다

무수한 기포
쉼 없이 인공호흡 시도하고 있었고
빈 젖 아구아구 빨아대는 쉰둥이처럼
바닷속 온갖 생물들이
엉성한 몸체에서 자라고 있었다
튼실한 생명체 얽히고 설켜
물속 세상 이야기 전설이 되어
망망대해 위로 떠오르고 있었다

## 남도 바다

남도 바다가 말을 건다
부드러운 목소리로
고기 비늘 같은 물결 일렁이며
춤추며 다가온다

남도 사투리 닮은 찰떡같은 갯벌
섬 아낙 구성진 노랫가락에 취해
꼬물거리며 얼굴 내미는 뻘낙지
투박한 손길 물 찬 제비처럼
낚싯줄 감아올리는 민첩한 동작
바다 식구 은갈치 두툼한 민어
물에 젖은 어부 품에 그득이 안긴다

뱃고동 울리며 만선 소식 알리면
수제비처럼 흩어진 크고 작은 섬
아침 햇살 등에 업고 모두 일어나
파도에 출렁이며 춤사위로 반긴다

## 목포 수변공원

거친 파도 잠잠하다
그저 찰랑거릴 뿐
유유히 흐르는 영산강
부드러운 바리톤 저음으로
돌부리 간질인다
푸른 힘줄 도드라진 청년 허벅지
자전거 길 밟는 힘이 건장하다
강바람에 흔들리는 갈대 입김
단풍처럼 붉은 열매 간질인다
잔물결 유희 미소 지으니
바라보는 유달산 얼굴에
감미로운 기운 깃든다

## 남쪽 바다

1.
바위 곁에 서성대는 잔물결아
오히려 소리 내어 울어 버려라
멍든 가슴 애써 감춘 눈물 애잔하구나

햇살은 고이 내려와 밀어 속삭이는데
감춘 속내 끝내 풀어놓지 못하고
다가설 듯 멈추어 버린 그 마음 애닯구나

갖가지 사연 조각배에 실어
저 멀리 바다로 띄워 보내면
해풍에 실려 온 쪽빛 편지는
물결이 되어 가슴 설레는구나.

2.
석방렴 울타리 돌담 사이로
남쪽 바다 뱃고동 소리 울려오면
군사들 기상나팔 잠 깨우는 듯

죽방렴 우뚝 바다에 서서
대쪽같은 기개로 손에 손잡고
한산대첩 그날을 그리워하고

뱃고동 슬피 우는 망망대해로
갈매기 울음소리 퍼져 나가니
이순신 장군 추상같은 호령
메아리 되어 널리 울려 퍼진다

# 울릉도

일기 좋은 오늘
뱃길이 분주하다
짙푸른 망망대해
삼선암 촛대바위
관음도 관음굴 지나
공암에서 코끼리 형상 보다

저동 깍개등
깎아지른 절벽에
봄이면 지천에 널린 나물
벼랑 위의 삶 위로하는
생명의 끈으로 태어나다

사랑의 율도
우산국 전설이 파도에 출렁이다
척박한 화산섬에
누가 먼저 뿌리내렸을까

그 사랑 씨앗 되어
모래알처럼 모인 사람들

바다와 싸운다
바다를 달랜다
저 멀리 오징어배
집어등 밝히며 새벽을 열다
또 하나의 해가
먼저 빛을 발하다

뜨거운 태양 아래
해풍에 말린 오징어
너울거리며 춤추니
삶이 녹진해지다

빗장 풀린
날카롭고 단단한 섬
아낙네 웃음소리
성인봉에 오르다

## 월포역에서

너와 나는 달려왔다
아득히 먼 곳에서
그리움의 실타래 길게 풀어
인적 드문 간이역 어귀에서
멈추어섰다

기차는 기적 소리로
바다는 파도 소리로 말한다
그리움의 끝자락에 만남이 있다는 것을

손 닿으면 다가설 듯한 바다
갯내음 싣고 왔다 사라지고
길게 늘어진 기찻길 위로
만남의 여운 서성대고 있다

짧은 시간에 이루어진 해후
긴 세월 그리움이 못내 섧다

월포역 빈 대합실에
떠나가는 아쉬움 한 점 남겨둔 채

제 갈 길을 간다

영원함은 없다
단지
또 하나의 그리움만 있을 뿐

## 안부

낯선 길에서 비를 만나다
생경스러운 풍경 낯익다
고향에서 만났던 빗소리다
뿌리가 같은 하늘에서 내리는 비
언젠가 본 듯한 표정으로
뺨을 적시고 옷을 적시며
고향 소식 전령사로 나서다
모두 잘 있단다
찹찹한 기운이 신선하다
다들 건강한가 보다

제 **3**부

단계를 읽다

# 명성왕후

여주 땅 능현리 여아女兒 울음소리
구중궁궐 울리던 수제천이었던가

다홍색 비단 자락 온몸을 휘감아도
연기처럼 피어나는 증오의 찬바람이여

임오군란 함성 소리에 흔들리는 여인이여
역사의 수레바퀴 속에서 소용돌이치는 여인이여

을미사변 칼자국은 핏빛으로 얼룩지고
슬픈 빗소리에 통곡 소리 묻어난다.

아! 비운의 여인이여!

한낱 아낙으로 돌아가
구천에서 맴도는 한 맺힌 절규는
청량리 밖 홍릉에서 메아리 되어
까마귀 울음소리에 묻어나고 있다.

## 성안마을

금오산 할딱고개 오르면
새로운 세상 펼쳐져 있었다
삶의 시작과 끝이 된 은자隱者의 공간

고냉지 배추김치 감자로 빚은 술
밥상은 푸짐했고 인심은 후했다
넓고 편평한 엄마 품 같은 습지
넉넉히 물을 품고 굽이굽이 계곡마다
사랑의 물줄기 아낌없이 내려보냈다

그들이 떠난 지 어언 40년
이제는 동식물 안식처로 돌아가
솔나리 뻐꾹나리 지천에 피어나고
도롱뇽 참개구리 물가에 살고 있었다

맹렬한 열정 우뚝 솟은 바위산 위로
어미의 자애로움 교차하는 듯
그 품에 안겼던 모든 생명체
자연의 품속에서 안식 누리고 있었다

근육질 화산암 정상에 있는 그곳에서
그 옛날 그들이 살았던 것처럼
자연인 삶 꾸려 보고 싶다
세상사 저 멀리 밀쳐 두고
소박한 삶 평안히 누려 보고 싶다

산허리에 걸린 초승달 아미蛾眉로 유혹한다
모든 것 내려놓고 이곳으로 어서 오라고
달빛 연가 은은하게 실어 보낸다

## 새벽별 하나

마음의 때를 벗기기에
이보다 더 좋은 곳이 있을까?
산 위에 올라 하늘을 본다
구름에 얼핏 가린 새벽별
순수를 자청하고 문을 연다

우주 공간 속 섬광 한 줄기로
어두운 마음을 밝혀 주는 거대한 힘
그 힘은 어디서 오는 것일까?
아마
자연의 힘이리라

한줌 무게도 자랑치 못하면서도
온통 마음을 사로잡을 수 있는 거대한 힘
그 힘은 어디에서 오는 것일까?
아마
사랑의 힘이리라

오늘도 산 위에 올라 하늘을 본다
구름에 얼핏 가린 새벽별에서

순수라는 하얀 미소를 읽는다
보일 듯 말 듯 조그만 몸짓에서
꺼지지 않는 사랑의 춤사위를 본다

# 늪

절망의 벽인 줄 알았다
단절된 세상 희망은 없었다
휜히 보이던 물속 세상
다시는 볼 수 없었다

그러나
누군가를 살리는 생명의 젖줄
어두운 벽 아랑곳하지 않는 역동의 기운
잠잠히 기지개 켜는 겨드랑이 아래
생명의 보고寶庫 층층이 쌓여
뿌리에 입김을 불어넣었다

발그레한 연꽃이 늪을 뚫고 나왔다
누군가의 발걸음 쉬 멈추게 했고
피폐한 삶에 미소 안겨 주었다
꽃봉오리 속에는 희망의 언어가
몽실거리며 때를 기다리고 있었다

## 홀로 핀 꽃

외롭지 않아
무섭지 않아
당당히 피웠다. 한 송이 꽃

벽틈에 뿌리내리는 지혜
휘어져 춤추는 줄기의 여유로움
하늘의 소리에 활짝 열린 귀

넓은 땅 부럽지 않아
한 평은커녕
반 평도 안 되는 틈에서 부리는 호기

외려
틈 하나 비워 두고 손짓한다
누울 곳 없는 자
여기로 오라
몸 하나 비빌 곳 있다고

소박하고 단촐한 마음
꽃 한 송이 피웠다

## 기차 여행

자장가 같은 조용한 울림
자궁 속 같은 포근한 흔들림
쓰다듬고 달래던 어머니 손길이다

설레는 마음 아름드리 실은 기차
생계를 걸머진 아버지 발자국처럼
여정을 향해 묵묵히 달린다

차창에 투영된 삶의 편린
스치는 산 풍경에 걸어 두고
고즈넉한 시간 달콤하게 즐긴다

여행객 고단함 대신 업은 채
쓰다듬는 바퀴 손길 고맙다
철로에 삶의 찌꺼기 내려놓고
홀가분한 마음으로 길을 떠난다

종착역에 내려서는 가벼운 발걸음
정중히 올리는 깃발 배웅 받으며
감사의 마음 눈인사로 화답한다

스르르 멈추는 커다란 몸체
목적지마다 쏟아지는 안착의 기쁨
개찰구 어귀에서 맞이하는 함박웃음
군중 속에서 꽃으로 피는 그대 얼굴
살가운 정이 가슴을 파고든다

# 힘

먼동에 퍼지는 빛
우레와 같은 함성
변화무쌍한 판놀음으로
휘몰아치는 설장구 장단
남녀노소 이끌고
치유의 숲으로 간다

솜털에 묻어 있는 삶의 찌꺼기까지
털어내 버리는 놀라운 힘
어깨에 진 짐 벗어버리고
작은북 허리춤에 묶어
버꾸춤 놀이 환상에 빠져 본다

무아의 경지로 이끄는
울림의 여운 따라
긴 호흡
깊은숨 들이쉬며
오늘의 삶 간추린다

## 복권 버스

지루함
푸념 조각
나무 의자에 앉았다.
덜컹거리는 시골 버스
먼지 푸석거리며 달려올 즈음
촌로의 주름진 얼굴 환하다
걸머진 망태
덩달아 좋아라 출렁인다
복권에 당첨된 듯
버스를 맞이한다
내 아들만큼 반가운 기사님
싱글거리는 얼굴 정답다
알사탕 한 봉지보다
더 싸고 달콤한 것
복권 한 장 값 얼추 비슷한
버스비 천오백 원

## 생명

월경하는 여인의 자궁
생명 품은 낙동강에
해의 기운 이글거리다

바람에 일렁이는 물결
흔들리는 나뭇가지
지천으로 널린 풀잎까지

해산의 고통 이겨내라고
온몸 흔들며 통성 기도 중

보리밭 노고지리
들판을 누비다 멈칫
숨죽이며 묵상 중

강여울 소용돌이치는 길목
우람한 목청 해의 울림 퍼지니

물길이 빨라진다
물속이 분주하다

신비한 생명
세상의 희망으로 다가오다

## 겨울 산


아무것도 없다
다 털어 버렸다

구겨진 지전紙錢 같은 마른잎조차
바람은 앗아가 버렸지만
그에 아랑곳하지 않고
하늘로 뻗어 있는 마른가지

지나가는 햇살 한 줄기도
놓치지 않으려는 그 모습 애처로워
동박새 날아가다 멈칫
깃털 세워 내려앉았다

잔설은 웅크리고 앉아
찬 기운 깊이 뿜어내지만
청초한 여인 발자국 온기에
절로 녹아내리는 겨울 한 자락

무뚝뚝한 남정네 같은 바위마저
아리고 시린 등 슬며시 돌려댄다

어설픈 미소로 발자국 반기며
아리고 시린 눈 슬며시 감는다

얼음장 같은 칼바람 사이로
겨울 산은 냉랭한 얼굴 내밀다 말고
가지에서 움트는 생명 소리에 귀를 세운다
꽃향기 같은 여인의 분 내음에
봄 벌써 온 줄 알고 멈칫 놀란다

## 꽃잎, 돌 틈에 머물다

시샘하지 않는다
있는 그대로
저마다의 모습으로
봄을 노래할 수 있다면

꽃 진 자리에서
저마다의 모습으로
겹겹이 쌓인 낙화 앞에
발걸음 머물게 할 수 있다면

돌 틈에 머문 꽃잎
좋아라 웃음 짓는다
발자국 소리 가까이 들으며
낮은 자세로 다가갈 수 있음을
꽃이 진다고
서러워하지 않아
바람 타고 흩날리는 꽃잎
새털 같은 마음이 되지

낮아짐
겸손함
매달려 있을 때는 몰랐지
떨어지면서 배우는 미학

나만의 화려함 사그라지고
이름도 없어져 버린 그 자리
모여 앉아 부대끼는 달콤함

마른 꽃잎 사그락거리며
제 모습 땅속에 감춘 채
이듬해 봄 오롯이 준비하리라

## 다행히

발걸음이 빨라졌습니다
떠나려는 가을을 다행히 붙잡았습니다
마른가지에 가까스로 매달린 나뭇잎 두어 장
날 기다리는 친구를 본 듯 반가웠습니다
만산홍엽의 세월을 바람이 알려주었습니다
바스락거리는 낙엽 더미 속에 추억을 묻어 두었다고 합니다.

다행히 가을 소식을 들을 수 있었습니다.
하나둘 떠나가는 친구를 뒤로한 채
남은 자 외로움 달래듯이
안간힘을 쓰는 마른잎 위로
햇살이 설풋 스쳐 지나갑니다.

## 아침해

바다를 뚫고 떠오른다
희망을 안고 떠오른다
불덩이 안겨 주고 열심히 살라 한다
온 세상에 온기 뿌리며
따시게 살라 한다
어두운 세상 환히 밝히며
해처럼 살라 한다
아침해 바다에 출렁이니
먼저 와 반기는 갈매기처럼
맨발로 달려나가 맞이하리라
새해 새날의 그 기운을

## 오리 반상회

추운 날 마다않고 빙판에 모인 오리떼
저마다의 의견 개진에 바쁘다
아파트 값 내린다고 혐오 시설 설레발
날개마저 부르르 떨며 손사래 치네

수영장 유치에 뒷돈 만들어 넣자고
쑥덕 공론 무리 의기투합 만장일치
욕심 주머니 불룩 희색이 만면하네

바람에 펄럭이는 현수막 사이로
비열한 웃음 새어 나온다
시퍼런 지폐 고개 빳빳이 들고
갈지자 걸음 휘갈기는 듯하네

기름진 얼굴 삼겹살 상추 한 쌈
아가리 터지고 뱃살 삐져나오네
이권에 물든 주머니 두둑한데
가슴 한 켠 새는 찬바람 막을 수 없네

이웃 동네 오리 머리 맞댄다

독거노인 헌 집 고쳐 주자고
십시일반 구겨진 지폐 한 장
쾌척하는 손놀림 물살 같다

날아가던 백로 한 마리
물가 빙빙 돌다 날개 접고 앉는다
기꺼이 내미는 두툼한 손길 위로
햇살도 한 줌 미소로 화답하네

## 인생보다 야생

강원도 삼척 깊은 산중
굴피로 지붕 잇고 사는 화전민 할배
빗물 받아 세수하고 샘물 받아 밥 짓고
호롱불 화롯불로 살아가고 있다

가족들 다 보내고 홀로 산다는 것
외로움 감수하고 산 지킴이 된다는 것
인생보다 야생을 택한 이유 무엇일까
복잡한 세상사 이리저리 다 밀쳐내고
편리한 문명 넘어 불편함 감수함은
변함없는 자연의 품 넉넉하기 때문일까

정치판 소용돌이
이글거리는 욕망을 주체하지 못하는 군상
쉼 없이 들려오는 우울한 세상 소식에
때로는 낙숫물 소리만 듣고 싶을 때가 있다
뿌리에서 쏘아 올려 잎맥으로 퍼져 가는
세미한 자연의 소리만 듣고 싶을 때가 있다

인생보다 야생을 택한 채
가벼운 봇짐 하나 둘러메고
길 떠나는 나그네 모습을
그림으로만 그려 본다.
화전민 할배보다 뱃심 약한 나를
물끄러미 바라보는
한 줄기 햇살 따갑다

## 단계를 읽다

단종 복위 꾀하였으나
성공치 못한 최후의 비참함
사육신의 참혹한 처형
거열형으로 세상 떠나다

받은 녹 부끄러워 별실에 쌓아 둔
대쪽같은 기개와 청렴함
오늘의 시대 돌아보다

옳은 일 뜻 굽히지 않고
목숨까지 내어놓는 강직함
틀린 것 직언하는 용기
이 나라 정치판에 담고 싶다

책갈피마다 붉은 피 흐르는 듯
그의 기백과 얼을 기리며
옷깃 여미다

선조가 남겨준 유산
민족의 그릇에 담아

번영의 밥상 차리는 그날을 기리면서
단계천 물줄기 따라
발걸음 옮기다

## 임진년을 열며

동해 바다 출렁임 보라
힘차게 떠오르는 붉은 해 보라
승천하는 용의 기상 한 몸에 안고
도약하고 전진하는 발자국 보라

수백 년 전 임진년 그날
천하를 호령했던 추상같은 목소리
수난과 굴곡의 역사 속에서도
푸른 핏줄 되어 민족정기 세웠나니

지난 역사 부여안고
오늘에 이르렀다.
임진년 새아침이 밝았다.
희망이 동튼다.
온누리에 퍼진다.

도도히 흐르는 강줄기마다
생명의 젖줄 이어져 가고
기름진 들판 곳곳마다
잉태의 기쁨 용솟음친다

우리는 안다
온 세계에 뿌려질 한국의 혼을
우리는 본다
민족이 하나되는 통일 조국의 미래를

## 군산항

쌀 수탈 뱃머리에서 슬피 울던 갈매기야
일본 순사 넘나들던 그 옛날 군산항에
기름진 평야 쌀 수출 길 열렸단다

히로쓰 가옥마다 흰쌀밥 차려 놓고
기름진 고기반찬 포식하던 그때에
보릿고개 넘기던 피골상접 한민족

허리띠 졸라매고 땀 흘린 보람 있어
경제대국 이루어 온 세계로 향하니
넘실대는 황금물결 중국으로 간다네

뱃고동 노래하며 태극기 휘날릴 때
순국선열 함성 소리 물결 따라 일어나
독립 정신 잊지 말라 준엄하게 울리네

망망대해 부서지는 파도를 타고
칠흑 같은 어둠 뚫고 항해하는 뱃길에
한 많은 역사 헤쳐 가던 그 발자국 보이네

군산항 앞바다에 집채만 한 쌀가마니
두 팔 벌려 드러누워 뽐내고 있네
히로쓰 가옥 쌀밥 부럽지 않다고
하얀 이 드러내고 호탕하게 웃고 있네

# 태평무

정靜 중中 동動

조용히 고개 숙여 풍년을 기원하세
징소리 울려 퍼진 고을마다
황금물결 굽이친다. 태평성대여!

한 걸음 한 걸음
외씨버선 자국마다
자근자근 밟아가리
민초의 한을

감아올린 소맷자락에
흩뿌리는 씨앗 담고
자욱자욱 발걸음은 거름으로 남아
꽃피우리 꽃피우리
백두에서 한라까지

너와 내가 얼싸안고
민족혼을 노래할 때
늴리리 태평소에

춤사위도 흥겨워라

보릿고개 감싸 안은
황금물결 출렁인다
햅쌀밥에 막걸리 한잔!
너도 취하고
나도 취하고

# 뭐가

뭐가 부럽노
벚꽃이 피었는데

뭐가 힘드노
벚꽃이 피었는데

뭐가 섭하노
벚꽃이 피었는데

## 제4부

## 오직 하나

## 꽃에게 배운다

하늘 향한 꽃망울
당신의 말씀 기다림이요

활짝 피어 마주보는 얼굴
더불어 살라는 음성이지요

때가 되면 지는 꽃
비움의 미학 가르침이요
떠날 때를 아는 이의
겸손하고 단아한 몸짓이나니

한 송이 꽃 그저 피어나지 않고
한 송이 꽃 그저 지는 법 없나니

꽃에게 배운다
쉽게 풀이하는 삶의 방정식을

## 조각보

오방색 화려한 조각보에
내 젊은 날의 일기장이
고스란히 담겨져 있다
거침없이 휘몰아치던
들숨과 날숨의 교차
핏빛 같은 붉은 천이
온 대지를 덮음 같이
의기양양하던 그때
두려울 것 없던 호기
아직도 가슴은 뜨겁다

감치고 박음질한 솔기가
터지고 미어질지라도
끈끈한 정으로 묶어 두고
덧대고 이어져 다시 만든
조각보 같은 세월의 흔적
너와 나 맞잡고 그냥 걷다 보면
젊은 날 화려한 기억만 남으리

한낱 버려지는 조각이 아닌
이어져 싸매고 어루만져 주는
빛 고운 조각보 같은 삶으로 남으리
바람 불고 비가 온들 어떠하리
바지랑대 버팀목이 지키고 있는 한
춤사위 멋들어진 조각보로 남으리

## 만선 滿船

동해를 다 실은 듯
의기양양한 배
물보라 일으키며
선주의 너털웃음
파도 위로 넘실거린다

바다를 바라보며
나란히 길을 걷는
노부부의 발길에도
물고기 퍼덕임 같은
활기 넘친다

사십여 년 기나긴 세월
비바람 헤치고 걸어왔더니
바랑에 가득 찬 선물
아버지
어머니
할아버지
할머니!
메아리 되어 울려 퍼진다

햇살에 반짝이는 모래밭 위로
진주 같은 손주 얼굴 스쳐 지나가고
든든하게 서 있는 갯바위 곁에
삼 남매 부부 어깨 나란히 보인다

저 멀리 수평선 위로
한가로이 떠 있는 배 한 척
여유롭게 여생을 즐기라 하고
물결은 화답하며 내 마음 전한다

어디
이보다 더 좋은
만선의 기쁨 있으랴

## 손주들에게

가은
나은
원재
유나
채원

이보다 더 고운 별 있을까?

가정을 밝히는 빛이 되거라

이보다 더 맑은 샘 있을까?

끊임없이 솟아나는 지혜의 샘 되거라

이보다 더 푸른 나무 있을까?

든든히 뿌리내린 거목이 되거라

# 2월

시집간 딸
온다는 기별 듣고
깡마른 노모 군불 지피듯
마른가지 생기 돈다
봄 편지 온다는
바람의 기별
목련 꽃망울 솜이불 펴고
고목 틈새 새순 고개 내민다
꽃샘추위 시샘에도
아랑곳 않고
2월의 노래 봄을 부른다

## 국시집

양은솥 위로 솟아오르는 김
따신 울 엄마 입김이다
양푼이 국수 만들던 그 부뚜막
이곳에 떡하니 자리잡았다

멸치 국물에 국시 말아
마파람에 게 눈 감추듯 먹어 치우던
큰 오라버니 먹성처럼
젊은 청년 단숨에 그릇 비운다

손놀림 빠른 아지매
물국시 메밀국시를
그릇 가득 담아 주고
허기진 마음까지 달래 준다

맛깔난 간장 종지
겉절이 배추김치까지
침이 고이게 하는 국시 한 그릇

두레 반상에 모여 앉아
맛나게 먹었던 엄마 국시를
재래시장 후미진 골목 집에서
옛 기억과 함께 건져 올린다

# 쉼터

유영하던 오리 등에
노을빛 머물다
동틀 때부터 해질녘까지
곳곳마다 찾아다닌 햇살
피곤한 몸 잠시 누인다

서산 너머 저곳을 향해
슬며시 길 떠나는 노을 한 줄기

넉넉한 쉼터
오직 여기
밤새 쉬어 가라고
하늘 이불 펼쳐 놓고
넓은 가슴 내미는 곳

푸근한 쉼터
오직 여기
은하의 강물 위로
금가루 뿌려 놓고
비단결 같은 마음 만날 수 있는 곳

힘든 자 오라고
하늘 문 활짝 열어 놓았다
메마른 자 오라고
촉촉한 단비 뿌리고 있다

## 주아리* 연가 戀歌

낙동강 끼고돌아 들판을 걷노라면
휴양림 솔바람이 함께 가자 따라오고
넉넉한 시골 인심 고을마다 여울지네
도심을 벗어나 노년 인생 안착하여
고즈넉한 삶 오붓하게 즐긴다네

구수한 된장국에 푸성귀 한 쌈
무엇이 부러우랴
그만하면
안분지족 현인으로 살아가는 것
햇살도 부러운지 뜨락에서 단잠 자고
숲속 뻐꾸기 적막을 깨우노라면
둥지 튼 길고양이 덩달아 야옹거리네

\* 주아리 : 구미 옥성면 소재

## 빈집

폐허 속의 공간
그림자 얼씬거리지 않고
발자국 찾을 수 없는 곳에
바람만 지푸라기 잡고
서성대고 있다
뛰놀던 아이 대처로 가고
할배가 엮던 가마니 위로
먼지만 수북하게 쌓였다

햅쌀로 지은 기름진 쌀밥
밥상에 둘러앉아 나누던 덕담
주인 없이 뒹구는 솥뚜껑 위로
아련한 기억으로 맴돌다 사라진다
무너진 흙 담장 아래 마른 잎들 사운거리고
초가집 언저리에 새 둥지 틀고 앉아
폐허 속의 공간 알알이 채우고 있다

# 동기들아

언 발을 굴리며
초조함 달래던 그날
목련 꽃눈 먼저 와
우리를 반겼던 그날

마파람이었던가
하늬바람이었던가
입학시험 답안지
눈앞에 아른거린다

지난 세월 시계 바늘 되돌려서
한새*벌 교정 누비어 보자

손때 묻은 풍금 애국가 반주 소리
소슬바람에 실려 와 귓전에 맴돌고
서툰 솜씨로 그려 놓은 아그리파 형상
미술실 창가에서 우리를 기다린다

새내기 봄날은 이미 가버렸다

세월 속에 농익은 삶의 공간 속에
하나둘 스며들었던 지난 이야기
너와 나 마음속 보석 상자 되어
영롱한 빛 발하고 있다.

젊은 날 반추하며
황혼의 편지 갈피갈피 곱게 접어
추억의 나래 고이 펼쳐 보자

날갯짓 한 번으로 구만리 장천
한새의 기상 높이 펼치자

\* 한새 : 부산교대 상징

## 오직 하나

내 머리속 지식이 세상 창고라면

내 가슴속 믿음은 하늘 창고입니다

곳간의 곡식은 없어지기도 하지만

아무도 훔쳐갈 수 없는 것이 있습니다

그것은 오직 하나 믿음이었습니다

그것은 오직 하나 십자가의 사랑이었습니다.

## 그저

피었다 사그라질까 봐
그저 꽃봉오리로 남겠습니다

사랑이 달아날까 봐
그저 가슴에 묻어 두겠습니다

그저
이대로만 머물러 주십시오
그 모습 그대로 바라보고 싶습니다

# 부뚜막

언제적 그을음일까
할머니의 할머니
시집살이 시름 던지고
속병 치유하던 아궁이에는
오늘도 불기운 이글거린다.
찌그러진 양푼이에 보리밥 담아
눈물을 반찬 삼아 먹던 여인의 한
가마솥 바닥 생채기로 남았다
거미줄 얼기설기 늘어진 부엌 한 켠
태고적 푸념 마른빨래처럼 매달려
깡마른 새댁 아픔이 부스럭거린다
선반에 얹혀진 이 빠진 사기그릇
지난날 기억을 오롯이 안고
뿌연 먼지만 차곡차곡 담고 있다
먼 옛날의 기억
이제는 아픔은커녕
외려 당당하다
시집살이하던 칠십대 할매
누구에게 대를 물릴 것인가
그 호된 경험들을

그저
옛 기억으로 안고 갈 일이다

## 하나님의 발자국

내 걸음 보다
한 발자국 앞선 분을 따라갑니다.
굽은 길에도
가파른 길에도
어김없이 인도하시는 분

든든한 마음으로
힘차게 걸어갑니다.
하나님의 발자국은
어두운 밤바다를 밝히는
등대입니다.

그저
따라가면 되는 것을
갈지자걸음 마음대로 걷다가
깊은 웅덩이에 빠지고 난 후
지름길이 있다는 것을
이제야 깨달았습니다.

나의 생각을 이미 아시고
넉넉히 준비하시는 그 분
쉽고도 편한 길
그 분의 걸음 따라가는 길

벗이여!
함께 걸어갑시다
휘파람 불며 가벼운 발걸음으로

## 검정 비닐의 비애

농부의 부지런한 손놀림
애기 다루듯 펼쳐주지
흙더미 감싸고 누른다고
고마워하며 쓰다듬지

내 몸 찢어져도
참고 견디며 씨앗 길 열어 주었지
무성히 자란 작물 쓰러질까 봐
안간힘 다하며 눌러 주었지

어느 날
무참히 찢겨져 버린 나의 살
빈 밭에 나뒹그라지고
바람에 실려 이곳까지 왔다

산기슭 나뭇가지에 걸려
먼 산을 바라본다
홀로 생을 마감한
노인의 무덤가에도
검정 비닐이 나뒹굴고 있다

## 오월의 노래


감아 오른 으름덩굴 홍타령 잦아들고
이팝나무 꽃바람 신명나게 춤추던 날

부모 형제 한자리에 모여 웃음꽃 만발하니
철쭉꽃 붉은 입술 좋아라 노래하네

새벽 서리 찬 기운 잎눈 속에 감싸 안듯
인고忍苦의 세월에도 다독이던 그 사랑

생명으로 잉태되어 젊음을 구가하니
초록의 향연 기쁨으로 화답하네

나뭇가지 흔드는 새들의 합창
감사와 사랑의 메아리 되어
오월의 하늘에 울려 퍼지네

# 씨

당신이 뿌려 놓은
사랑의 씨앗으로
큰 나무 둥지 아래
새 깃들 듯이
우리도 당신의 그늘에서 쉼을 얻습니다.

언 땅의 스산함에도
잠들지 않고
살짝 고개 내민 새싹들의 얼굴엔
당신의 인내와 숨결이 배어 있습니다.

줄기 타고 전해 오는
사랑의 속삭임으로
물오른 나뭇가지
하나둘 꽃을 피웁니다.

개화의 낭만을 뒤로한 채
꽃자리 내려놓는
겸손한 몸짓으로
당신을 닮아 가고 있습니다.

작열하는 태양조차
부드럽게 안아
붉은 열매 만들었던
당신의 뜨거운 가슴을
똑같이 간직해 봅니다.

당신이 뿌려 놓은 사랑의 씨앗
꽃 피고 열매 맺어
세상 밖으로 다시 태어납니다.

당신이 걸어온 발자취 따라
큰 나무 둥지 되어
온 세상 안아 주렵니다.
푸른 숲으로 남아
사랑의 메아리 울리렵니다.

# 빗방울

별꽃은 내려와
촉촉한 눈동자로
들꽃과 눈 맞추고

옥구슬 내려와
메마른 나뭇가지
감싸 안아 매만지고

은방울 속삭임
살며시 다가와
나뭇잎 귓전에
밀어密語 남긴다

갈피갈피 꽃잎 속에
스며든 빗물 편지
간절한 사연 담아
그대에게 보낼까?

굽이굽이 사연 속에
스며든 빗물 편지
애절한 사연 담아
그대에게 보낼까?

한 송이 꽃이 되어
피어나는 사랑 편지
화사한 소식 담아
그대에게 전하리다

## 추억 여행

태화강 물결 위에
추억의 배 띄우다
초등학교 주름잡던
말괄량이 친구들이
예순 지난 나이 잊고
세월을 거슬러 오르다

학교 텃밭 알싸한 무 서리
동네 뒤안길 누비던 발자국
친구 부모님 따스한 기억
소중했던 삶의 조각 이어져
한 폭의 그림으로 다가오다

끊임없이 이어지는 지난 이야기
댓바람에 실려 강둑에 머물고
해 질 녘 고즈넉한 풍경 위로
만나지 못한 친구 사진 걸리다

진솔한 삶의 공감대 속에
달랐던 공간 하나 되고
어릴 적 맑았던 심성
고스란히 녹아내리다

이 시간 지나면
이 또한 추억되리라
지나가는 세월 아쉬움 없이
돛 달고 깃발 높이 올려
행복의 여정 향해 배 띄우자

# 빈 젖

쪼그라진 젖꼭지 같은 잎
붉은 연꽃 피웠다

내 젊음
붉은 입술
울 엄마 빈 젖이 만들었다는 것
새삼 깨닫는다

연밭에서 들려오는 세미한 음성
톡 터지는 꽃봉오리 열리는 축제
날 키운 울 엄마 젊은 날 젖무덤 같다

해 지는 들녘의 노을처럼
사그라져 버린 엄마 목소리
모시 적삼에 감추인 빈 젖이라도
어디 한 번 만져 볼 수 있었으면

## 올레길

꽃잎이 인다
아지랑이 속에서
생동하는 봄의 입김
우주를 움직인다

심해深海에서 솟아오른
오묘한 생명의 전율
포효하는 파도에 실려
마음의 빗장 풀어헤친다

띄워 보낸다
날려 보낸다
푸석거리던 일상의 조각
그림자 같은 허상의 조각

제 몸을 부수면서
하얀 이 드러내고
웃고 있는 물거품
어머니 품속 같다

나란히 마주보는
해안 길 산길
은은한 봄 향기 같은
밀어를 주고받는다

부끄러워 얼굴 붉히는
동백꽃 소반 위에
햇살 줄기 덩달아
속삭이듯 내려앉는다

화려한 불빛에
지쳐 버린 도시
긴 목 빼들고
이곳을 바라본다

타박타박 걸어 보는
올레길 곳곳마다
꿈틀거리는 생명이
길손들을 반긴다

밀물 썰물에 부딪치는
크고 작은 조약돌마저
제 몸 아픈 줄 모르고
쾌히 손님을 청한다

좌르르 철썩
청빛 일어나는 소리
발등을 간질인다
가슴을 간질인다

해설

## 순리와 순응과 믿음의 시

이 태 수 〈시인〉

**해설**

# 순리와 순응과 믿음의 시

이 태 수 <시인>

ⅰ) 신영희는 자연의 순리와 하늘에 순응하는 시인이다. 자연에 대한 외경심畏敬心은, 설령 그 지향이 도로徒勞에 지나지 않을지라도, 끊임없는 비우기와 내려놓기, 겸허한 자기 성찰을 통해 궁극적으로 실천 의지를 전제하는 믿음과 베풂으로 나아가려는 데 주어진다. 이 때문에 그의 시는 인위적인 것들마저 자연과 같아야 하며 그 자연은 하늘을 따르는 순리이고 질서라는 인식을 이면裏面에 완곡하게 다지고 있는 것으로 읽히게 한다.

가까이서나 멀리서 마주치는 풍경들을 그리고 있는 일련의 시도 대상을 재현하는 차원을 넘어서서 대상이 안겨주는 느낌에 무게를 싣거나 대상을 주관화(자아화自我化)해 재구성된 내면內面 풍경으로 빚어지는 까닭은 이 같은 인식의 소산이며, 하늘의 뜻으로 귀결歸結되는 자연관과 세계관 때문인 것 같다.

그러나 시인이 살아가는 현실은 순리와는 거꾸로 가기도 하는 풍진세상風塵世上이므로 귀감이 되는 역사적 진실을 소환해서 반추하도록 추동하는 한편 그늘지고 소외된 사람들을 향해 따뜻한 연민憐憫을 끼얹고 있으며, '십자가의 사랑'과 그 믿음을 일깨우면서 더불어 아름답게 살아갈 수 있는 세상을 부단히 꿈꾸고 추구한다.

ⅱ) 신영희 시인은 높은 곳에서 넓은 바다를 바라보면서 "그 장대함에 무릎을 꿇어 / 경의를 표하고 싶다"고 시「명령」에서 언표言表한다. 이어 "망망대해를 품에 안았는가 / 내 품을 그대가 안았는가"라고 바다를 내려다보던 시선을 자기성찰로 돌리면서 그 장대한 바다의 명령이 "버리는 자만이 또 다른 것을 얻는다고 / 파도는 포말로 귀띔한다"고 받아들이는 마음의 귀를 연다.

또한 "저 먼바다에서 달려온 파도 / 제 몸을 부수며 쉼 없이 부르짖는다"고 파도가 빚는 포말의 의미를 일깨우면서 파도에 밀려나온 바닷가의 "자갈 하나 주워다가 / 머리맡에 두고 볼 일이다 / 파도 소리 담아다가 / 마음에 새겨 볼 일이다"라는 각성에 이르고 있는 「다짐」 역시 같은 맥락脈絡의 시다. 비움의 미덕을 끌어안는 이 겸허한 자기성찰은 「명령」에서 그리고 있듯이, "새털 같은 가벼움으로 / 달음박질

할 예감"을 안겨주는가 하면, 마음속에 환한 세상이 넘실거리게 하는 데까지도 나아가게 한다.

시인의 자연에 대한 이 같은 외경심은 넓은 바다는 물론 가까이 자주 마주치는 강이나 사소한 일상사에서도 거의 마찬가지로 내비쳐진다. 낙동강에 해 뜨는 광경을 바라보면서는 "강물은 숨 멈추고 해를 품는다."(「낙동강, 해 품다」)고 보며, "사랑 노래 / 들판 너머 먼 산을 휘휘 감는다"(같은 시)라고도 그린다. 강이 해를 품을 때 숨을 멈춘다는 표현과 이른 아침 햇빛을 먼 산을 휘휘 감는 사랑 노래라는 발상은 새겨들어야 할 은유隱喩가 아닐 수 없다.

거울처럼 맑은 물에
마음을 비춰 보니
아직도 멀었구나
마음을 비운다면서

욕심도 한 줌
위선도 한 줌
보이지 않는 가슴속에
씨앗 남겨 놓은 채
빈 마음 가졌다고
자랑하고 있구나

물소리 솔향기에

실어 보낸 티끌 한 줌

내일이면 다시 담아 올 티끌 한 줌

아침이면 해 뜨고

저녁이면 해 지듯이

내일도 오늘처럼

비우는 연습을 하고 있겠지

—「내일도 오늘처럼」 전문

「국수를 삶으며」에서는 뻣뻣하던 국수 가닥들이 끓는 물에 "교만의 틀 벗어던지고 / 나붓이 앉"아 "비움의 미학 배우려 한다"고 자신의 감정까지 이입移入해 면발이 삶기는 모습을 그리고 있지만, 「내일도 오늘처럼」은 앞으로도 지금처럼 끊임없이 '비우는 연습'을 할 것이라는 결의決意를 진솔하면서도 완강하게 내비친다. 거울처럼 맑은 물에 마음을 비춰 보니 겉으로는 드러나지 않는 가슴속에는 "욕심도 한 줌 / 위선도 한 줌" 씨앗으로 남아 있다고 자성自省하면서 그 티끌 한 줌을 물소리와 솔향기에 실어 보내지만 "내일이면 다시 담아 올 티끌 한 줌"에도 지레 경계하고 우려한다.

시인의 마음 비우기는 마치 시시포스의 바위 굴리기와 같이 끊임없는 도로에 지나지 않을지라도 "내일도 오늘처럼 / 비우는 연습"을 할 것이라는 의지는 이 시인의 겸허한 삶의 자세와 결의로 읽힌다. 이 같은 삶의 자세는 초가을 지붕 위에 떨어져 구르는 설익은 감에 착안한 「굴러가기」에서는

다소 다른 빛깔을 띠고 있다.

    바람이 불면 부는 대로
    순리를 따라 구르다 보면
    머물 곳 어디든 있다고

    모나지 않게
    곡선을 그리며
    부드럽게 살라고
    넌지시 일러주네
          —「굴러가기」부분

자연의 순리에 따르는 '굴러가기'는 비움과 관용의 다른 모습이며, 자기 방기放棄가 아니라 모나지 않고 부드러우면서도 완강하게 자신을 단련(수련)하는 행위다. 자연에 너그럽게 순응하는 방법이기도 한 것 같다. 내려놓기 역시 비움과 긴밀하게 짝을 이루는 덕목임은 두말할 나위가 없다.

    먼 길을 돌아 하산할 즈음
    내려놓음의 소중한 때
    이제야 알게 되었다

    자연에 흩어진 조각천 모아
    누비고 감치고 호아서 만든 시 한 편

누군가의 필요를 감싸 줄 보자기 되어
그 마음 소박하게 다독일 수 있다면
최상의 때 누린다는 것 이제야 알았다
―「때」 부분

  시詩를 지향하고 추구하는 과정과 연계해서 삶의 지혜와 예지, 베풂의 미덕을 시사하는 이 시는 자연의 순리를 따르려는 마음자리를 근간으로 내려놓기와 베풀기의 미덕을 완곡하게 떠올려 보인다. "자연에 흩어진 조각천 모아 / 누비고 감치고 호아서 만든 시 한 편"은 시인이 궁극적으로 이르고자 하는 삶의 경지에 다름 아니며, 그 '시 한 편'은 자연을 끌어들여 타인들을 다독이고 감싸 줄 수 있게 만든 '보자기'에 은유되고 있다. 시인은 그 보자기를 완성하는 '최상의 때'를 소망하고 지향한다.

  시인은 자연에 순응하면서 그 순리에 따르는 덕목과 함께 더불어 살아가는 세상에서의 어우러짐과 그 선율, 인내의 필요성까지 에둘러 시사示唆한다. 해마다 어김없이 돌아오는 봄을 예찬하면서 "비바람 몰아쳐도 의연한 몸짓으로 / 인내의 두레박 건져 올릴 때 / 꿈틀거리는 생명 대지에 퍼지네"(「탄생」)라든가 "선율이 용솟음치는 공간 속에는 / 삶이 움튼다. / 생명이 자란다."(「선율 속에서」)고도 노래하기 때문이다.

  간결한 구문으로 빠른 리듬을 타고 있는 「두드림」은 우리의 전통적인 타악기打樂器 연주인 '사물놀이'를 통해 두드리는 악기들이 공통점이나 빚어지는 소리는 각기 다름에도 그

소리들이 한데 어우러져 아름다운 조화를 이루어 하나가 되는 데 착안해 삶의 지혜를 에둘러 떠올려 보이는 경우라 할 수 있다.

>마음을 여는 것
>물음을 던지고
>해답을 찾아
>조화를 이루어
>하나가 되는 것
>
>징
>꽹과리
>장구
>북
>
>폭풍이 되고
>고요가 된다
>
>어울림의 미학
>
>평정으로 다가온다
>―「두드림」전문

시인은 개성의 어우러짐이란 마음을 열고 하나가 되려는 물음과 해답(응답)이 전제돼야 한다는 점을 말해 준다. 징,

꽹과리, 장구, 북은 상호 이질적異質的인 소리를 내는 타악기들이면서도 그 소리들이 어우러지면서 폭풍이 되기도 하고 고요가 되기도 하는 절묘한 조화를 빚으며, 그 어울림은 평정에도 이르게 한다. 이 시는 인위적인 것도 자연과 같아야 한다는 사실을 은밀하게 암시한다고도 볼 수 있다.

iii) 신영희의 일련의 시는 가깝고 먼 나들이에서 마주치는 풍경들을 그리는 데 주로 주어진다. 그러나 대상을 있는 그대로 그리기보다는 대상이 안겨주는 느낌에 무게를 싣거나 그 대상을 주관화함으로써 기실은 심상(내면) 풍경과 자아화된 풍경들을 빚어낸다. 특히 남도 기행紀行이 안겨준 인상과 느낌들이 각별했기 때문인지, 적지 않은 시편들의 주제가 남도와 그 바다들이다.

시 「목포 수변공원」은 유유히 흐르는 영산강이 "부드러운 바리톤 저음"으로 흐르며, 그 잔물결 유희가 미소 지으니 "유달산 얼굴에 / 감미로운 기운 깃든다"고 정겹게 노래하며, 목포의 면모를 "값으로 매길 수 없는 풍경"(「정다운 풍경」)이라고 칭송한다. 그런가 하면, 목포 북항北港의 일몰 무렵을 묘사하면서는 "못내 보내지 못하는 연인처럼 / 절정과 절제미를 안고 / 바다는 해를 끌어안는다"(「목포 북항」)라고 황홀해하면서 "떠나가는 발걸음이 섧다"(같은 시)며, 남도에서 봄이 오기 전에 피어나는 꽃들을 보면서도 "아마 / 이곳의 봄날은 / 정월부터 시작될 예감이 / 겨울 꽃송이에서 부풀어오르고"(「남도 겨울 꽃」) 있었을 거라고 그리고 있다.

>목포에서 뱃길 삼십 분
>담소 두어 마디
>웃음 반 바가지
>채 끝나지도 않았는데
>
>반달을 닮은 섬이
>다소곳이 손짓하네
>　　　—「달리도」 부분

　외딴섬 달리도의 초등학교 분교分校는 학생이 단 한 명일 정도로 취학 어린이가 극히 귀한 곳이다. 시인은 사라질 위기에 이른 이 분교의 풍경을 "유일한 악동 한 명 / 운동장 돌고 뒹굴며 달음박질 / 백구도 덩달아 뛰고 짖으니 / 적막한 섬마을 기지개 켠다"고 따뜻한 연민의 마음눈으로 감싼다. 반달을 닮은 섬이 다소곳이 손짓한다고 노래하기도 한다. 한편 옛날 유배지流配地였던 자은도에 이르러서는

>남도의 섬은 나를 반겼다
>동서로 나뉘어진 해묵은 감정
>그런 것은 고기밥으로 던져버리라고
>잔물결 일렁이며 넌지시 알려주니
>뱃사공 화답하며 노래하고 있었다
>　　　　　—「자은도」 부분

라고, 옛날 유배지였을 때와는 아주 달라진 이 섬의 모습을 기꺼워하며 오늘날의 지역감정과 그 현실을 "동서로 나뉘어진 해묵은 감정"으로 규정하며 바다의 잔물결이 그 지양을 알려주고(일깨우고) 이 섬의 뱃사공도 화답和答하는 것으로 묘사하고 있다. 이 같은 진술은 시인의 내면(감정) 투사投射에서 비롯되며, 소망의 일단이기도 한 것 같다. "남도 바다가 말을 건다 / 부드러운 목소리로 / 고기비늘 같은 물결 일렁이며 / 춤추며 다가온다"(「남도 바다」)는 대목 역시 같은 맥락으로 읽힌다.

> 남도 사투리 닮은 찰떡같은 갯벌
> 섬 아낙 구성진 노랫가락에 취해
> 꼬물거리며 얼굴 내미는 뻘낙지
> 투박한 손길 물 찬 제비처럼
> 낚싯줄 감아올리는 민첩한 동작
> 바다 식구 은갈치 두툼한 민어
> 물에 젖은 어부 품에 그득이 안긴다
>
> 뱃고동 울리며 만선 소식 알리면
> 수제비처럼 흩어진 크고 작은 섬
> 아침 햇살 등에 업고 모두 일어나
> 파도에 출렁이며 춤사위로 반긴다
> ―「남도 바다」 부분

남도 섬 특유의 토속적인 어촌 풍정風情을 풍요롭게 떠올리는 이 시는 찰떡같은 남도 사투리, 아낙의 구성진 노랫가락, 어부들의 투박한 듯 물찬 제비처럼 민첩한 손길, 찰진 남도 사투리 같은 개펄과 뻘낙지, 어부들이 낚아올리는 은빛 갈치와 두툼한 민어들, 만선의 뱃고동 소리 등이 토속적인 분위기를 한껏 고조시켜 준다.

　그래서 이 토속적인 정취 속의 남도 바다가 시인의 눈에는 크고 작은 섬들이 수제비처럼 친근하게 느껴지고 바다에 흩어져 앉은 그 섬들이 아침 햇살을 등에 업고 파도에 출렁이며 춤사위로 반기는 것으로 보이게 했을는지 모른다. 같은 바다에 형해形骸만 남아 있는 난파선難破船을 바라보면서도 "중절모 쓴 신사 같은 배"(「난파선」)라며 "신사의 모자 벗겨져 나가고 / 신발은 이미 나둥그려졌다"(같은 시)고 난파 이전의 배를 떠올려 보기도 한다.

　바다에 외따로 떨어져 있는 섬을 향한 시인의 마음 역시 지나쳐 보이지 않게 한다. 섬을 찾아가는 게 아니라 섬이 자신을 부른다는 대목은 이를 방증傍證한다. 제주도의 우도牛島로 가면서 "저 멀리 우직한 소 한 마리 / 어여 오라 손짓" 하며, "기쁨도 슬픔도 다 안고 / 어여 오라 손짓한다"(「우도 가는 길」)고 활유법活喩法을 구사한다. 바다는 또한 역사적 현실을 소환해 주는 모습으로도 묘사된다.

　　죽방렴 우뚝 바다에 서서

> 대쪽같은 기개로 손에 손잡고
> 한산대첩 그날을 그리워하고
>
> 뱃고동 슬피 우는 망망대해로
> 갈매기 울음소리 퍼져 나가니
> 이순신 장군 추상같은 호령
> 메아리 되어 널리 울려 퍼진다
> ―「남쪽 바다」 부분

 남해를 배경으로 한 이 시는 바다의 물목에 대나무로 만든 그물인 죽방렴竹防廉을 목도하며 대쪽같은 기개로 왜적倭敵을 섬멸한 이순신 장군의 추상같은 호령과 그 메아리를 떠올린다. 그런 한편, 잔잔한 물결의 남도 바다와는 달리 제주 바다나 동해 바다는 파도가 "제 몸을 부수기까지 / 청정 바다를 그리며 / 너울거리는 몸짓"(「파도」)이라고 한다.

 삶의 터전이기도 한 이 경우의 바다는 제주도의 해녀海女들이 그렇듯이 "생의 망망대해 / 망태를 걸머쥔 채 생계를 업고 / 시퍼런 물의 냉기와 싸워야"(「불턱」)하므로 그 추운 몸을 녹이는 쉼터(불턱)가 요구되는 삶의 터전이다. 척박한 화산섬인 울릉도의 바다도 마찬가지다. "모래알처럼 모인 사람들 / 바다와 싸운다 / 바다를 달랜다"(「울릉도」)라는 대목이 말해 주듯이 생존의 처절한 싸움터다. 시인은 제주 해녀들을 따뜻한 연민으로 감싸 안듯이

불턱에 모여든 아낙들의 몸에
고무 타는 냄새가 난다
질기고도 질긴 삶이 녹아내린다

장작 타는 소리
바다를 잠재운다
　　　　　　―「불턱」부분

라고 그리며, 궁여지책으로 만들어진 울릉도의 토속적인 음식에 대해 묘사한 「울릉도 따개비」에서도 망태기에 담긴 따개비를 "멍울 같은 씨알"에 비유하며 따개비 칼국수가 그 씨알이 되레 "멍자국을 풀어놓는다"거나 "삶의 애환을 뭉근히 달래"는 것으로 승화시키고 있다.

　iv) 시인은 오늘을 살아가는 현실을 직시直視하면서 역사의 교훈을 반추하는 시편들도 적잖이 보여준다. 「단계를 읽다」, 「임진년을 열며」, 「군산항」, 「명성왕후」, 「태평무」 등은 그 대표적인 예들이다. 무늬와 빛깔은 다소 다르지만 준열한 역사의식을 통해 현실에 대한 비판적인 일깨움을 떠올려 놓기 때문이다.
　「단계를 읽다」는 오래된 비극적인 역사를 되짚어 보게 하는 단계천의 물줄기를 바라보면서 조선조 세조 때의 단종 복위復位를 싸고 왕권王權과 신권臣權이 격렬하게 부딪치며 빚어졌던 아픈 역사를 소환한다. 단종 복위를 꾀하다가 처참

하게 처형된 사육신死六臣의 "대쪽 같은 기개와 청렴"을 아프게 되새기면서는

> 옳은 일 뜻 굽히지 않고
> 목숨까지 내어놓는 강직함
> 틀린 것 직언하는 용기
> 이 나라 정치판에 담고 싶다
> ─「단계를 읽다」 부분

고 사육신이 끝까지 굽히지 않고 목숨까지 내어놓으며 강직하게 직언하던 용기를 지금 이 나라의 정치판에 담고 싶다고 비판적인 시각으로 직언한다. "선조가 남겨준 유산 / 민족의 그릇에 담아 / 번영의 밥상 차리는 그날"을 소망하면서 옳은 일을 위해서는 죽음도 불사하던 선조들의 정신적 유산을 일깨우고 되새긴다.

  이 같은 민족정기에 대한 흠모는 임진왜란 때 열악한 전세에도 용맹과 지혜로 적을 무찌르고 승전하며 나라를 구한 이순신 장군을 우러러 기려서겠지만, "승천하는 용의 기상 한 몸에 안고 / 도약하고 전진하는 발자국"을 임진년 벽두의 동해의 물결과 솟아오르는 해를 바라보면서도 간곡하게 떠올렸을 것이다.

> 수백 년 전 임진년 그날
> 천하를 호령했던 추상같은 목소리

수난과 굴곡의 역사 속에서도
푸른 핏줄 되어 민족정기 세웠나니

지난 역사 부여안고
오늘에 이르렀다.
임진년 새아침이 밝았다.
희망이 동튼다.
온누리에 퍼진다.
　　―「임진년을 열며」 부분

　더구나 이 민족정기는 아픈 역사를 넘어서서 오늘의 번영을 구가하게 했으며, 임진년 새 아침에 새로운 희망을 열망하는 심경은 이 같은 '한국 혼'이 우리 강토疆土의 "도도히 흐르는 강줄기마다 / 생명의 젖줄 이어져 가고 / 기름진 들판 곳곳마다 / 잉태의 기쁨 용솟음친다"는 뜨거운 전언傳言을 하게 하지 않았을까.
　또한 일본 강점기의 수탈로 "히로쓰 가옥마다 흰쌀밥 차려 놓고 / 기름진 고기반찬 포식하던 그때에 / 보릿고개 넘기던 피골상접 한민족"을 되짚으며 당시와 오늘날의 군산항을 대비해 "망망대해 부서지는 파도를 타고 / 칠흑 같은 어둠 뚫고 항해하는 뱃길에 / 한 많은 역사 헤쳐 가던 그 발자국 보이네"라고 노래하고 있는 것 같다.

허리띠 졸라매고 땀 흘린 보람 있어

> 경제대국 이루어 온 세계로 향하니
> 넘실대는 황금물결 중국으로 간다네
>
> 뱃고동 노래하며 태극기 휘날릴 때
> 순국선열 함성 소리 물결 따라 일어나
> 독립 정신 잊지 말라 준엄하게 울리네
> ―「군산항」부분

 이 시는 지금의 우리가 허리띠를 졸라매고 땀 흘린 보람으로 경제대국을 이루기도 했으나 독립 정신을 잊지 말라는 순국선열의 준열한 함성에 크게 힘입고 있다는 사실을 곡진하게 일깨운다. 「명성왕후」도 일제 암흑기의 아픔과 상처를 통한痛恨의 언어로 불러 놓는다. "을미사변 칼자국은 핏빛으로 얼룩지고 / 슬픈 빗소리에 통곡 소리 묻어난다"며, 국모의 어처구니없는 수난을 "한낱 아낙으로 돌아가 / 구천에서 맴도는 한 맺힌 절규는 / 청량리 밖 홍릉에서 메아리 되어 / 까마귀 울음소리에 묻어나고 있"다고 역사적 현실을 반추한다.

 빛이 있으면 그늘도 있게 마련이듯이, 시인은 고난의 시대를 극복하고 일구어 낸 오늘의 풍요를 바라보는 한편으로는 그늘지고 소외된 곳에는 연민의 시선을 보낸다. 강원도 삼척의 깊은 산중山中에서 굴피로 지붕 잇고 살아가는 화전민 할아버지의 삶에 연민을 보내는 시 「인생보다 야생」은 "정치판 소용돌이 / 이글거리는 욕망을 주체하지 못하는 군상 / 쉼 없이 들려오는 우울한 세상 소식에 / 때로는 낙숫

물 소리만 듣고 싶을 때가 있다"며 화전민 할아버지의 '야생野生'에 견주어 자신의 삶도 들여다본다.

> 인생보다 야생을 택한 채
> 가벼운 봇짐 하나 둘러메고
> 길 떠나는 나그네 모습을
> 그림으로만 그려 본다.
> 화전민 할배보다 뱃심 약한 나를
> 물끄러미 바라보는
> 한 줄기 햇살 따갑다
> ―「인생보다 야생」 부분

복잡다단하고 우여곡절도 많은 현실을 벗어나고 싶어도 화전민 할아버지보다 뱃심이 약해 그런 모습을 그려 보기만 할 뿐이라는 비애를 비켜서기는 쉬울 리가 없다. 「성안마을」에서도 시인의 눈에는 "삶의 시작과 끝이 된 은자隱者의 공간"인 성안마을에 이르러 사람들이 다 떠나고 "솔나리 뻐국나리 지천에 피어나고 / 도롱뇽 참개구리 물가에 살고 있"지만 "그 옛날 그들이 살았던 것처럼 / 자연인 삶 꾸려 보고 싶다"는 유혹에만 젖어볼 따름이지 않은가. 그러나 시인은 이윽고 하늘에 떠 있는 새벽별을 올려다보면서 소중한 각성에 이르고 있다.

> 마음의 때를 벗기기에
> 이보다 더 좋은 곳이 있을까?

산 위에 올라 하늘을 본다
구름에 얼핏 가린 새벽별
순수를 자청하고 문을 연다

우주 공간 속 섬광 한 줄기로
어두운 마음을 밝혀 주는 거대한 힘
그 힘은 어디서 오는 것일까?
아마
자연의 힘이리라

한줌 무게도 자랑치 못하면서도
온통 마음을 사로잡을 수 있는 거대한 힘
그 힘은 어디에서 오는 것일까?
아마
사랑의 힘이리라

―「새벽별 하나」 부분

   그것은 바로 하늘의 구름을 열며 떠 있는 새벽별이 일깨우는 자연과 그 자연이 품고 있는 사랑의 순수하고 거대한 힘이다. 그래서 시인은 "오늘도 산 위에 올라 하늘을 본다 / 구름에 얼핏 가린 새벽별의 얼굴에서 / 순수라는 하얀 미소를 읽는다 / 보일 듯 말 듯 조그만 몸짓에서 / 꺼지지 않는 사랑의 춤사위를 본다"고 토로하는 것으로 보인다.

   ⅴ) 일상적인 삶은 시인에게 파토스pathos를 안겨주는 경

우도 없지 않겠지만, 그보다는 "힘든 자 오라고 / 하늘 문 활짝 열어 놓았다 / 메마른 자 오라고 / 촉촉한 단비 뿌리고 있다"(「쉼터」)고 긍정적인 시각으로 세상을 너그럽게 그러안는가 하면, 겸허하게 마음을 내려놓고 비우면서 "구수한 된장국에 푸성귀 한 쌈 / 무엇이 부러우랴"(「주아리 연가戀歌」)는 안분지족安分知足에도 이른다.

  자신이 만든 조각보에 각별한 애착을 보이기도 하는 시인은 「조각보」에서 흐르는 세월의 흔적은 "감치고 박음질한 솔기가 / 터지고 미어질지라도 / 끈끈한 정으로 묶어 두고 / 덧대고 이어져 다시 만든 / 조각보 같"을지라도 그 조각보는 "춤사위 멋들어"지고 그간의 삶을 "어루만져 주는 / 빛 고운" 보자기이며 "젊은 날 화려한 기억만 남"게 한다고도 말한다.

    오방색 화려한 조각보에
    내 젊은 날의 일기장이
    고스란히 담겨져 있다
    &lt;중략&gt;
    의기양양하던 그때
    두려울 것 없던 호기
    아직도 가슴은 뜨겁다
          —「조각보」부분

  시인이 그 까닭을 이같이 밝히고 있는 바와 같이, 오래전 젊은 시절에 만든 오방색五方色 화려한 조각보는 젊은 날의 일기장과 같은 데다 의기양양하던 때의 두려울 게 없던 호기가 가슴을 여전히 뜨겁게 하기 때문이라는 것이다. 게다가 가족을 향한 마음은 더욱 너그럽고 따뜻하게 착색된다.

「만선滿船」을 통해 시인은 동해에서 만선의 배를 바라보면서 떠오르는 가족을 생각하며 만선과 같은 기쁨에 젖어든다. 부모와 조부모가 메아리로 다가오고, 모래밭에는 진주 같은 손주 얼굴이 스쳐 지나가며, 갯바위 곁에는 삼남매(자녀) 부부가 나란히 선물같이 다가오기 때문일 것이다. 그뿐 아니라 먼 수평선에 한가로이 떠 있는 배 한 척이 여유롭게 자신의 여생餘生을 즐기라고 이르고, 바다 물결이 자신의 화답和答을 그 배에 전한다는 상상까지 하게 된다.

「손주들에게」에서는 특히 차례로 그들을 거명하며 더할 나위 없이 '고운 별', '맑은 샘', '푸른 나무'에 비유하면서 "가정을 밝히는 빛", "끊임없이 솟아나는 지혜의 샘", "든든히 뿌리내린 거목"이 되기를 자애롭게 소망하기도 한다. 이 내리사랑은 또한 "시집간 딸 / 온다는 기별 듣고 / 깡마른 노모 군불 지피듯 / 마른가지 생기 돈다"(「2월」)고 애틋한 모성애母性愛를 내비치고 있다.

    싱그러운 초여름 인사
    햇살이 눈부신지
    초록이 눈부신지

앞다투어 찾아오는 자연의 교감
봄이 떠난 자리에
그저
황홀하게
오롯이 자리잡은 유월이여
—「유월의 인사」부분

봄에서 여름으로 바뀌는 환절기換節期에도 오로지 자연에 순응하며 황홀하게 교감하는 마음자리를 펴면서 감사의 인사까지 건넨다. 이 순응의 미덕은 "자연에 동화된 / 우리네 가슴에 / 풀물이 촉촉하게 스며들고 있다"고 자연과 하나가 되려는 자세로 귀결된다. 이 같은 자연 친화親和나 그 회귀回歸의 자세는 꽃이 피고 지는 순리와도 깊이 연계돼 있을 뿐 아니라 삶의 방정식을 쉽게 풀어주는 요체도 되고 있다.

하늘 향한 꽃망울
당신의 말씀 기다림이요

활짝 피어 마주보는 얼굴
더불어 살라는 음성이지요

때가 되면 지는 꽃
비움의 미학 가르침이요

떠날 때를 아는 이의
　　　겸손하고 단아한 몸짓이나니

　　　한 송이 꽃 그저 피어나지 않고
　　　한 송이 꽃 그저 지는 법 없나니

　　　꽃에게 배운다
　　　쉽게 풀이하는 삶의 방정식을
　　　　　　―「꽃에게 배운다」 전문

　시인은 꽃이 피고 지는 것을 보면서 하나님(하느님)의 뜻을 따르는 '말씀'을 기다리고 더불어 사는 말씀을 들으며 비움과 겸손의 실천으로도 나아간다. 「하나님의 발자국」에서는 "하나님의 발자국은 / 어두운 밤바다를 밝히는 / 등대"라며 굽은 길에도 가파른 길에도 그저 따라가면 된다고 말하고 있으며, 「오직 하나」는 이 같은 믿음을 더욱 명료하게 구체화해 보인다.

　　　내 머리속 지식이 세상 창고라면

　　　내 가슴속 믿음은 하늘 창고입니다

　　　곳간의 곡식은 없어지기도 하지만

　　　아무도 훔쳐갈 수 없는 것이 있습니다

그것은 오직 하나 믿음이었습니다

그것은 오직 하나 십자가의 사랑이었습니다.
―「오직 하나」전문

  기독교 신앙의 핵심인 '부활復活'의 상징이라 할 수 있는 '십자가의 사랑'에 대한 믿음을 고백하는 듯한 이 시를 두드러지게 받쳐주는 시는 「씨」다. "작열하는 태양조차 / 부드럽게 안아 / 붉은 열매 만들었던 / 당신의 뜨거운 가슴을 / 똑같이 간직해 봅니다. // 당신이 뿌려 놓은 사랑의 씨앗 / 꽃피고 열매 맺어 / 세상 밖으로 다시 태어납니다. // 당신이 걸어온 발자취 따라 / 큰 나무 둥지 되어 / 온 세상 안아 주렵니다 / 푸른 숲으로 남아 / 사랑의 메아리 울리렵니다." 라는 대목만 보더라도 이 시인의 신앙심과 그 실천 의지가 얼마나 견고한지 짐작해 보게 한다.

  이 같은 기독교 신앙을 자연 현상에 빗대어 부드럽고 아름다운 서정적 언어로 노래하고 있는 「빗방울」은 이 시인이 궁극적으로 지향하는 세계를 은유하고 암시한다는 점에서 이 글의 끝자락에 전문을 그대로 인용해 되새겨 본다.

별꽃은 내려와
촉촉한 눈동자로
들꽃과 눈 맞추고

옥구슬 내려와
메마른 나뭇가지
감싸 안아 매만지고

은방울 속삭임
살며시 다가와
나뭇잎 귓전에
밀어密語 남긴다

갈피갈피 꽃잎 속에
스며든 빗물 편지
간절한 사연 담아
그대에게 보낼까?

굽이굽이 사연 속에
스며든 빗물 편지
애절한 사연 담아
그대에게 보낼까?

한 송이 꽃이 되어
피어나는 사랑 편지
화사한 소식 담아
그대에게 전하리다

—「빗방울」전문

■ 그루 현대시인선 23

# 꽃에게 배운다

© 신영희, 2024

**초판 1쇄 발행** 2024년 8월 30일

**지은이** 신영희
**펴낸이** 이은재
**펴낸곳** 도서출판 그루

**출판등록** 1983. 3. 26(제1-61호)
42452 대구광역시 남구 큰골 3길 30
TEL 053-253-7872 / FAX 053-257-7884
E-mail / guroo@guroo.co.kr

값 12,000원
ISBN 978-89-8069-509-6

＊이 책의 판권은 지은이와 도서출판 그루에 있습니다.
　양측의 서면 동의 없는 무단 전재 및 복제를 금합니다.